1 MONTH OF
FREE
READING

at

www.ForgottenBooks.com

By purchasing this book you are eligible for one month membership to ForgottenBooks.com, giving you unlimited access to our entire collection of over 1,000,000 titles via our web site and mobile apps.

To claim your free month visit:

www.forgottenbooks.com/free932186

ISBN 978-0-260-16798-9
PIBN 10932186

LIRICO-DRAMATICA

DAR...

EN UN ACTO Y EN VERSO

ORIGINAL DE

PEDRO DE GO RIZ

DAR... EN NO DAR.

DAR... EN NO DAR.

JUGUETE CÓMICO EN UN ACTO Y EN VERSO

ORIGINAL DE

PEDRO DE GORRIZ

Estrenado con aplauso en el TEATRO LARA la noche del
13 de Noviembre de 1882

—∞•≶•∞—

MADRID: 1882
ESTABLECIMIENTO TIPOGRÁFICO
DE M. P. MONTOYA Y COMPAÑÍA
Caños, 1.

La accion en una casa de huéspedes en Madrid.

Época actual.

ACTO ÚNICO.

Sala muy modesta. Puerta al foro y dos á cada lado. Sillas de paja. Camilla en el centro, con lo necesario para escribir. Un pequeño espejo cerca de la puerta de foro. Sofá de paja en primer término, derecha.

ESCENA PRIMERA.

DOÑA SERAPIA.—MARTIN.—ALFREDO.

(Doña Serapia sale por la segunda puerta derecha, detrás de Martin que está en mangas de camisa y embozado en una colcha. Alfredo, muy elegante, escribe sentado á la y camilla fumando un cigarro puro. Sobre el respaldo de su silla tiene el gaban.)

MART.   Que me deje usted en paz! (A Serapia.)

SERAP.   No quiero!

MART.   Pues, vive Dios!
que es demasiado...

SERAP.   Más es
lo que á usted le sufro yo.

MART.   Venir á buscar á un hombre
á su propia habitacion
cuando está... *deshabillé!*...
Señores! Ya no hay pudor!

SERAP.   Vergüenza es lo que no hay! (Furiosa.)

Y no me alce usted la voz.
Doña Serapia... acabemos.
Acabemos, sí señor!
Sepa que á mí no me asusta
ni el gallo de la Pasion!
A nadie le asusta un gallo;
sobre todo, con arroz!...
(Alfredo dá frecuentemente señales de impacien-
cia.)
Don Martin!
   Doña Serapia!
Que me voy cansando!
     Y yo;
con que déme de almorzar
y acabemos la cuestion.
Mientras usted no me pague,
no come.
   Pero señor,
he de pagar no comiendo?
Vaya por lo que comió.
Seis meses lleva en mi casa
y aún no conozco, ni el son
de su dinero.
   No es cierto!
Le dí adelantados yo
tres duros.
   El uno en plata,
y falsos los otros dos,
que eran en oro, me acuerdo.
Culpe á quien los acuñó.
Me dejarán escribir?
(Se levanta y se interpone, dejando el cigarro en
la mesa.)
Me paga uste? Sí, ó no,
como Cristo nos enseña. (A Martin.)
Hagamos la distincion.
A pagar á las patronas,
Cristo no nos enseñó.
No levante usted calumnias
al Divino Redentor!
Martin!
(Corrigiendo.) Don Martin!

(Burlándose.)   Sin duda!
Ilustrísimo señor!
Doña Serapia... Usted calla,
ó busco otra habitacion?
Es que...
                No admito pretestos.
Pago yo bien?
                Sí, señor.
Entonces, á quien bien paga
(Martin se guarda el cigarro de Alfredo.)
tenga consideracion,
ó de otro modo...
                Corriente,
don Alfredo; ya me voy.
Pero á ese pillo... le juro
que...
        Bien! Vaya usted con Dios.
(Váse Serapia, haciendo señas de amenaza á Mar-
tin, por la segunda izquierda.)

ESCENA II.

MARTIN. —ALFREDO.

(Alargando la mano á Alfredo.)
Choque usted! A tal favor
á corresponder me obligo.
Gracias.
                Desde hoy, por su amigo
cuénteme usted, sí señor.
Siempre me fué usted simpático.
Gracias...
                Y si le acomodo
para algo... yo sé de todo,
soy poeta, actor dramático,
pintor, músico...
(Asombrado.)   Dios mio!
Aunque con la suerte luche,
soy...
        Ya lo veo; un estuche!

Sí; pero estuche... vacío!
Tengo talento; eso sí!
pero pensar me contrista...
Apartemos, pues, la vista
de mi talento y de mí.
Para usted, jóven bizarro (Con tono dramático.)
que pisa sendas de flores,
no se hicieron mis dolores!
Es que..
(Natural.) Tiene usté un cigarro?
Tome usted. (Se lo da.)
       Yo que tan rico
debiera ser!
       Bah! Paciencia... (Consolándole.)
Tengo en pleito...
       Alguna herencia?
De cien mil duros!... y un pico.
Zambomba!
       Pleito que ya
dura desde que me afeito.
Si se ganára ese pleito!...
Pero no se ganará!
Con razon, cosas no son
imposibles.
       Aunque sobre!
El que litiga por pobre
no tiene nunca razon!
Tal vez! (Se sienta á escribir.)
       Pero, algun asunto
de interés le ocupa?
       Cá!
Le incomodaré quizá!
Dígamelo usted, y al punto
dejamos frases ociosas.
Si yo á diversion lo tomo!
Es carta... de amores! (Con presuncion.)
(Tumbándose en el sofá.) Cómo
me gustan á mí esas cosas!
Luego, cuando usted despache
me dirá...
       Cuanto usted quiera.
Cómo se escribe hechicera?

Con equis... digo, con ache.
Gracias. (Escribe torpemente.)
        Sus horas ocupa
dulcemente!
        Sí, en verdad.
Y usted?
        La fatalidad
lo impide. Me preocupa
la patrona.
        Su rigor
he notado, y le aseguro
que su corazon es duro.
  (Levantándose de pronto.)
Que es *duro*?... Cá! No señor.
Ojalá que *duro* fueral
Ya se lo hubiera gastado.
Su corazon no ha llegado
á perro chico siquiera!
Mas... cuando hay necesidad...
No me falta. (Bostezando.)
        En mi discurso,
la dulzura es un recurso.
Con maña y habilidad,
tan blandas como unas sedas
se ponen las más taimadas.
Sí; vaya usted con *monadas*
á la que pide *monedas*!
Al fin... es del sexo bello...
De eso, segun mi sentir,
mucho habria que decir.
Tengo mis dudas en ello.
Dudas?... No entiendo ni ripio.
Pues bien la razon lo abona.
Bello sexo una patrona
de á seis reales con principio!
Seria suceso nuevo.
Mi aspecto su marca lleva.
Ya vé usted cómo me *prueba*
la comida... que no *pruebo*!
Siento verle á usted así.
Y yo tambien.
(Volviendo á escrbir.) Es bromazo...

(Si yo le diera un sablazo
á éste...) No hablemos de mí.
Tratar de usted es mejor.
Pues yo... por necesidad
de carácter, ó de edad,
solo pienso... (Levantándose.)
              En el amor?
Justo; y aunque hay pareceres
en asunto tan formal,
yo, francamente, hablar mal
no puedo de las mujeres.
No sé si valdré la pena
de que por mí se derritan,
pero... la verdad... me citan
cada dia una docena.
Diablo!
       Me sacan de quicio!
Y á mí, por suerte tirana,
lo mismo.
(Con interés.) Sí?
             No hay semana
que no me citen... (á juicio.)
Por Jesús de Nazaret,
que no le engaño.
           Ni yo!
Soy muy elegante!
          Oh!
A mí me viste Porsét!
Gran sastre!
      Verdad?
           Sin duda.
Y á usted.
      Por mi suerte triste,
á mí ninguno me viste.
Todo el mundo me desnuda!
Yo gasto el tiempo en vestir,
en ir al teatro, á bailar,
al Retiro y á cazar.
A cazar?
      Sí, fuerza es ir.
Allá en el monte se vén
buenas caras; van señoras

á veces...

        A todas horas
yo voy al monte tambien.
Va usted?

        Con asiduidad.
Es tan bello el horizonte!
Y diga usted... á qué monte?
Voy al monte... de Piedad.
Ah!... (Desconfiando)

       Ya vé usted... hay apuros...
Entiendo...

        (Cayó en el lazo.)
A propósito...

        (Un sablazo!)
Usté tiene un par de duros?
Que si yo tengo... (Valor!)
Lo que es tener...

        (Cayó el pico!)
Aunque yo no sea rico...
Los tiene usted?

       Sí, señor.
Alma noble y generosa!
Gracias! (Alarga la mano.)

      De qué?

        Claro está!
Por... ese préstamo.

        Ah!
Eso, amigo, es otra cosa.
Pues, no iba usted á sacarlos?
No dijo, por vida mia...
Yo dije... que los tenia,
mas no que quisiera darlos! (Vase izquierda.)

ESCENA III.

MARTIN.

Diablo! Me llevé un camelo.
Creí seguro el envite;
pero el mozo estuvo al quite
más eficaz que Frascuelo.

Segun la máxima sábia
de Quevedo, ha de llegar
el hombre á *dar en no dar*
á fuerza de ingénio y lábia.
Yo nunca doy; pero... vamos,
esto... por sí mismo viene,
porque dar el que no tiene,
no es muy fácil que digamos.
Mas con pesar bien profundo
cada dia notar puedo,
que el sistema de Quevedo
es hoy... el de todo el mundo.

ESCENA IV.

DICHOS.—DON CAYO, hablando hácia dentro de la primera
puerta derecha.

CAYO.	No te apures, hija mia,
	repito que pronto vuelvo.
MART.	(Don Cayo! Ya casi casi
	olvidaba mi proyecto.)
CAYO.	Buenos dias, don Martin.
MART.	Téngalos usted muy buenos.
	Y su sobrina?
CAYO.	Tan buena.
	Gracias.
MART.	Va usted de paseo?
CAYO.	No, señor; voy á la Audiencia
	á ver el fallo de un pleito
	ya sentenciado, que ha sido
	la causa del viaje nuestro.
MART.	Hola!... Cuestion importante?
CAYO.	Importante... Ya lo creo!
	La fortuna de Ildegunda
	se ventila en él; por eso...
MART.	(Fortuna tan *ventilada*
	debe ser sana. Veremos.)
CAYO.	Sé que se ha fallado ya,
	y tal impaciencia tengo...

MART.   Claro...

CAYO.   Mi procurador
es don Atanasio Bueno.
Le conoce usted?

MART.   No tal.

CAYO.   Pero el nombre anuncia el éxito,
no es así?

MART.   Segun y cómo.

CAYO.   Hombre... al fin...

MART.   (1) Es que hay en esto
de los apellidos, mucho
de notable; por ejemplo:
conozco un *Blanco*, que tiene
el color de un carbonero,
negro hay que se llama *Rubio*
y hay albino que es *Moreno*.
Uno muy gordo, se llama
Delgado, y se nombra *Récio*
otro que tiene las piernas
lo mismo que dos fideos.
Conozco un *Lozano*, tísico,
un *Calvo*, con muy buen pelo,
y otro, con luciente calva,
que se apellida *Cabello*.
Sé de un *Guerra* muy pacífico,
un *Leon*, que es un cordero,
y un cabo de gastadores
apellidado *Pequeño*.
Un *Criado* es millonario,
y otro, vecino del Creso,
se llama *Rico*, y no tiene
sobre qué caerse muerto.
Conozco un *Hermoso*, chato;
un *Mariscal* que es ranchero,
un *Pino*, que anda torcido,
y un *Buenavista*, que es ciego.
Hay quien se llama *Alegría*

---

(1)   Este romance debe decirse por el actor con gran volubili-
dad y rapidez, y sin dejar hablar á D. Cayo, que intenta á veces
interrumpirle.

y pasa el dia gimiendo,
y otro, que se llama *Bravo*
y á su sombra tiene miedo.
Un cojo se llama *Ardilla*,
un jorobado, *Perfecto*,
y hay quien se nombra *Paniagua*
y solo come torreznos.
Hay quien aborrece el vino
aunque se llama *Sarmiento*,
y alguien, que *Salmon* se nombra,
no prueba más que abadejo.
En fin, y en una palabra,
los apellidos no entiendo,
si es la verdad lo contrario
de lo que nos dicen ellos.
(Qué charla!) (Asombrado.)
    Con que don...
        Cayo
Rodriguez.
    Cuánto me alegro!
Un tocayo tiene usted
allá, por el mundo nuevo,
muy famoso.
(Sorprendido.) Sí?... Cuál es?
Cuál ha de ser? Cayo-Hueso!
(Este, ó es pillo ó es loco...
Yo me inclino á lo primero.)
(Si se fuese, á su sobrina
podria hablar, pero el terco...)
Con que... usted perdonará...
Abur, y que gane el pleito.
Gracias... (Salí de sus garras;
ahora, á la Audiencia corriendo.)
(Váse foro.)

ESCENA V.

MARTIN, despues ILDEGUNDA.

Ya que el viejo se marchó
pondré en práctica mi plan,

las circunstancias no están
para que me ponga yó
á echarla de delicado.
Segun la patrona explica,
este es tio de esa chica
romántica; acaudalado
manchego. No encuentro bella
la niña... pero es igual.
Debe tener un caudal
respetable, con que... á ella!
Se nubla la situacion
y esto no puede seguir.
Un hombre, no ha de vivir
igual que un camaleon.
Que me *empeño* en no pagar
asegura mi patrona...
Si es lo único mi persona
que me queda que *empeñar!*
Pienso en pagar... mas sucede,
vamos... que no me doy arte.
Que piense ella por su parte
cómo cobrará... si puede!
(Sale Ildegunda con un libro, leyendo.)
«Y la jóven, el puñal
»empapado en el veneno,
»acercó airada á su seno
»nacarado y virginal.» (Sigue leyendo.)
(La sobrina de don Cayo!)
Me conmueve esta heroina!
Qué novela tan divina!
Prosigamos. «Del desmayo
»el agareno volvió...»
(Si con mi manto me vé,
tal vez se figure que
el agareno soy yo!
Lo dejaré.)
(Va á dejar la colcha y derriba una silla.)
(Asustada.) Quién?... Oh, cielos!
(Diablo! Me vió)
                    Señor mio!
Me ha asustado usted.
(Con tono romántico.) Confío

en que deje sus recelos
y vea que soy.*.
(Con abandono.) Ya sé.
Huésped, que el pan y la sal
ha comido aquí.
(Muy sentimental.) No tal!
Lo que es pan, se engaña usté!
Por eso el hospitalario
techo, que á entrambos cobija,
nos hace hermanos.
(Natural.)   Pero hija,
creo que, por el contrario...
Bajo la arábiga tienda, (Sin oirle.)
sobre la arena candente
del desierto, quien se sicnte
junto al árabe, y aprenda
á usar de entrambas señales,
es sagrado; eso le abona.
Bueno; pero una patrona...
y patrona de seis reales,
de noble hospitalidad
no entiende, y es desatino
el compararla á un beduino...
si no es por la crueldad!
No hable usted así. Qué prosa!
De oirle siento aquí un peso...
Un peso! Por sentir eso
daría ya cualquier cosa!
(No es nada; cinco pésetas!)
En el lugar escondido
donde por dicha he nacido,
todos nacemos poetas.
Buen país!
            Los materiales
intereses, con disgusto
miro yo.
            Sí? (Qué mal gusto!)
Mis goces son ideales.
Tal desinterés no abunda.
Por desgracia, harto lo sé,
pero yo le tengo, á fé
de doncella, y de Ildegunda.

Bonito nombre!

               Hallo al fin
quien acierte á comprenderlo!
Y el de usted... puedo saberlo?
Martin.

       De?...

             Nada, Martin.
Entiendo; será un pseudónimo...
Cabales. (Lo que ella quiera.)
Usted tendrá una carrera...
Vaya!.. (La de San Jerónimo!)
Yo á la dulce poesía
mis horas dedico...

              Bueno!
Y tengo el cerebro lleno,
lleno...

      Sí. (De tontería.)
Hago sonetos...

           (Olé!)
Redondillas, madrigales,
silvas, octavas reales...
Conque *reales* hace usté?
Ay! Si yo supiera el medio...
Son mis placeres mayores
los brutos, aves y flores.
(Está loca; no hay remedio.)
Tengo, y me esmero en cuidar,
gayas flores primorosas,
que pintadas mariposas
liban; tengo un palomar,
una coleccion completa
de canarios... ay qué picos!
tres perros grandes, tres chicos...
(Con otro, media peseta!)
Quién tuviera lo que usté!
(Yo me decido... me lanzo.)
Entre ellos, la dicha alcanzo,
pues que soy amada sé;
y aunque brutos...
(Suspiro exagerado.) Ay!
(Sorprendida.)   Qué es eso?
Ay! (Suspiro más fuerte.)

(Con coquetería.) Suspiros?

(Muy tierno.)   Sí, Ildegunda

Ay! (Suspira.)

    Pero usted los secunda!

Estoy triste; lo confieso!

(Ay Alfredo!)

        Y la razon?

No la alcanzo...

          Pues yo sí.

Es que como yo... ay de mí!

siente en ese corazon

sed de amor!

      Yo...

         Usted no sabe

qué siento yo?

        No adivino...

Ese semblante divino,

ese cútis tan süave,

esa faz, que dá alegría,

esa sonrisa hechicera,

ese talle de palmera,

esa cabeza..., (vacía)

cómo imposible mirar?

Si el claro disco solar

deslumbra con sus fulgores,

¿cómo al verte no cegar

si estás respirando amores?

Dioses!

    (Qué plural!)

         Es cierto?

Tanto como la belleza

que dió la naturaleza

á esa faz; de amores muerto

estoy por tí; mi afan cree!

(Y Alfredo... Fuera un delito!)

Te adoro, te lo repito,

—perdonas que te tutee?

Responde!...

(Turbada.)   No... no respondo...

Díme... (Tomándola una mano.)

      Qué? (Muy turbada.)

        Tu amor es mio?

(Dentro.)
Doña Serapia!
(Soltándose y huyendo.) Mi tio!
Huyó... Negocio redondo. (Váse izquierda.)

ESCENA VI.

Don Cayo.

Segun me han dicho, no es hora
de despacho, y pues la Audiencia
está tan lejos, renuncio
al paseo. Bien quisiera
tener inmediatamente
noticia de la sentencia,
pero á mi procurador
encargué que remitiera
lo antes posible una copia,
y no tardará: si llega
á ganarse, como espero,
las cosas saldrán en regla:
si se pierde, á mi sobrina
echarme de encima es fuerza.

ESCENA VII.

Dicho.—Martin.

Adios, don Cayo.
(Volviéndose.) Felices...
(El de la colcha!) (Retrocede con recelo.)
(Ya empieza
á escamarse, y e: mejor...)
(Qué querrá...)
Por la manera
de mirarme, se diria
don Cayo, que alguna ofensa
tiene usted de mí.
No tal...
pero...

Qué?

      Que esa cabeza...

Acabe usted...

      Me parece...

Vamos, qué?

      Su vestimenta
anuncia...

      Que soy un loco?
Pues no señor; es que llega
mi filantropía á un punto...
No entiendo...

      Pues bien, atienda.
San Martin, que fué mi santo,
con una espada en la diestra,
figura partir su capa
para dar la mitad de ella
á un pobre. Verdad?

      Es cierto.
Pues yo hice más!

      Más?

      Friolera!
Dió media capa,... en verano!
Hombre, la historia no expresa...
Y yo, en medio del invierno...
(empeñé) la capa entera.
Diablo!

      Creo que esta accion
bastante me recomienda.
Mucho.

      Pues bueno, don Cayo,
se me ha ocurrido una idea.
Es decir, dos.
(Viendo el gaban de Alfredo sobre la silla.)

      Dos? Y cuáles?
Abrigarme, la primera. (Se pone el gaban.)
Vé usted? Ya estoy arreglado.
Sea muy enhorabuena,
mas...

      Y pedirle un favor,
que en dos palabras se expresa.
Su sobrina y yo nos vimos,
y nos amamos.

(Asombrado.)　De veras!
Con que... pido á usted su mano.
La mia? (Alargándola.)
　No tal; la de ella.
Demonio! Su mano sola?
Todo, de piés á cabeza.
Ya entiendo.
　　Con que... Usted diga...
Primeramente, quisiera...
Qué es usted?
　　Varon!
　　　Con *b*,
ó con *v*?
　Como usted quiera.
Es cuestion de ortografía
y soy poco fuerte en ella.
(Canastos!... Querer casarse
y no la conoce apenas)...
De qué vive usted?
　　　Del... sable.
Militar?
　No; otra carrera.
(Ah, diablo!... Si habrán traido
la copia de la sentencia,
y éste sabrá... y por los cuartos...
Entonces, chasco se lleva.)
Vamos, qué me dice usted?
Pues amigo... con franqueza,
no puede ser.
　　Por qué causa?
Porque la chica... se encuentra...
Cómo? (Alarmado.)
　Que... está prometida
su mano, y cumplirlo es fuerza.
Es que...
　　Nada, no es posible!
Pero...
　Que usted se divierta.
(Váse por la derecha.)
Hipopótamo!... lo juro...
Diablo! Creo que se acerca
la patrona... Hoy todo sále

torcido. Que no me vea.
(Váse por la izquierda.)

ESCENA VIII.

DOÑA SERAPIA, despues ALFREDO.

SERAP.   (Saliendo por el foro con un sombrero de copa y
      una tarjeta.)
      Don Alfredo!... Don Alfredo!
ALF.   (Saliendo.) Qué ocurre?
SERAP.   Si esta tarjeta
      es de usted.
ALF.   Cabal.
SERAP.   Entonces
      de usted debe ser la prenda.
      (Le dá el sombrero.)
ALF.   A ver? Sí... precisamente.
      Voy á probármelo.
      (Se lo pone y hace contorsiones y gestos delante
      del espejo.)
SERAP.   (Mirándole.) (Ea,
      ya está haciendo contorsiones
      como un mico.)
ALF.   Bien me sienta.
      Verdad?
SERAP.   Mucho. (Y esto es hombre?
      Ay, si mi Ambrosio viviera! (Váse.)

ESCENA IX.

ALFREDO, luego DON CAYO, despues SERAPIA.

ALF.   Está bien; quedo contento. (Deja el sombrero
      en el sofá.)
CAYO.   (Saliendo.)
      Yo preguntaré, no sea
      que se olviden... pero, calle!
      Alfredo!

(Contrariado.) Don Cayo!

(Abrazándole.) Aprieta!
Usté por aquí?

He venido
á un asunto...

Y cómo queda
mi padre?

Al salir del pueblo
le ví cavando en la huerta.
Tan bueno!

(Contrariado.) Pues!... humoradas...
Aunque es rico; tio lo deja;
como antes fué jornalero...

(Tosiendo)
Jem! jem! (Si alguno le oyera...)
Tú estás hecho un señorito!
Así, así...

(Abrazándole.) Buena pieza!
(Si habrá venido con él
mi ex-novia, la de la aldea?
Y... dígame usté... Ildegunda...
Aquí conmigo se encuentra.
(Adios! Ya me lo temia.)
Calle!... pues tú me recuerdas
que nos puedes ser muy útil.
Hable usted... como yo pueda...
La mano de mi sobrina
me han pedido; no quisiera
admitir al candidato,
y le he dado por respuesta
que estaba comprometida;
no es cierto, pero si llega
el caso, dí al que pregunte
que tú te casas con ella.
Así como así, tú fuiste
su novio en la edad primera...
Pero eso... es comprometido.
No, muchacho, nada temas,
que ni aún ella ha de saberlo.
En ese caso...

Te prestas?
Si en ello he de serles útil...

Gracias. Arreglado queda.
(Saliendo con un pliego.)
Señor don Cayo, han traido '
este pliego de la Audiencia.
A ver, á ver, que es urgente.
Un pleito...
         Qué, se atraviesa
mucho?
        Toda la fortuna
de Ildegunda. La sentencia
voy á mirar; aquí está. (Lee para sí.)
Reciba mi enhorabuena
por el.... (Váse foro.)
 (Aterrado.) Jesús Nazareno!
Se ha perdido?
        Suerte adversa!
Y con costas. Míralo! (Le dá el pliego.)
(Despues de leer.)
Deploro la coincidencia...
Corro á buscar á Ildegunda
y á darle la infausta nueva...
(Queda pobre... Bah! La caso
con el primero que venga.)
(Váse por la derecha.)

ESCENA X.

ALFREDO.—MARTIN.

Pobre muchacha! Su daño
siento muy sinceramente.
(Saliendo resuelto.)
Yo insisto!... (El pollo!... Corriente;
yo le arreglaré!... Tacaño!)
Hola! (Viendo á Martin.)
(Gravemente.) Le ruego y confío,
y agradeceré bastante
me deje solo un instante.
(Calle! Ese gaban es mio!)
Se ventila cierto asunto
de interés.

Vaya... si es tan...
Qué mira usted, mi gaban?
(Era más gordo el difunto.)
(Procurando abrochárselo.)
Es mio!

No haga usted caso.
(Este mozo, lo que pilla...)
Estaba sobre una silla,
y para salir del paso
lo tomé.

Pues tiene gracia!
Tenia que ventilar
asuntos que hay que tratar
con la mayor diplomacia.
Este asunto lo ha zanjado
su gaban.

Pero... tomarle...
Es que para *ventilarle*,
yo estaba muy *ventilado*.
Me gusta la libertad!
Y á mí! que en ella está el toque.
Correligionario... choque! (Le dá la mano.)
y afirme nuestra amistad.
(Le aprieta fuertemente la mano. Alfredo hace
gestos de dolor.)
Yo su correligionario?
Sepa usted, que pronto tomo
estado. Me caso.

Cómo?
Como los demás, canario!
Casarse usted?
(Dándose tono.) Mi futura
está aquí, precisamente.
(Calle! Seré el pretendiente
de Ildegunda?)

Me asegura
esta boda el porvenir,
y aunque no por interés...
Pero la novia, quién es?
Se lo podria decir,
si fuera usted reservado.
Le suplico á usted que crea...

(Quiero humillarle, que vea
el fortunon que he pescado.)
Es una jóven divina,
con un rostro encantador.
Conoce usté á ese señor
tan feo? Pues su sobrina.
Ildegunda?

        Justamente.
(Arrostremos el chubasco.)
Pues amigo, siento el chasco.
Eh?

    Con su mano no cuente.
Por qué?

      Porque hay compromisos
anteriores.

      Ya lo sé.
Hay otro rival.

       Y qué?
Son casos llanos y lisos.
Yo le venzo en esta lid.
El no está en Madrid...

         Que nó?
Vaya!

   Cómo?

     Si soy yo!
Ya vé usted si está en Madrid.
Usted! Voto á cien legiones!
Es broma?

     Nunca las gasto.
(Ha de humillarme este trasto
en todas las ocasiones?)
Pues esto no queda así!
(Le asusto.)

      Resignacion.
Quiero una satisfaccion!
Nadie se burla de mí!
Canastos!
(Furioso.) Y el que así obre!...
Hombre... que escoja la chica!
Yo la quise siendo rica,
y me caso cuando es pobre.
Qué acaba usted de decirme! (Sorprendido.)

La verdad... que perdió el pleito...
Pues... en su bien me deleito.
Choque! No quiero batirme!
(Le aprieta la mano.)
Cásese usted, y qué alcance
la dicha su corazon.
(Diablo! Qué trasformacion!)
(Pues iba yo á echar buen lance!).

ESCENA XI.

DICHOS. —DON CAYO.

(Dice que nada le importa...
Coriente: daré su mano
al que la pidió.) Señores...
Felicísimos, don Cayo.
(Bajo á Cayo)
Todo lo dejé coriente.
(Idem.)
Cómo?
(Idem.) Le he manifestado
á ese señor, lo que usté
y yo convinimos.
    (Diablo!
Todo lo ha echado á perder
este títere!...)
(Bajo.) Me caso
mañana con Ildegunda
en sentido figurado.
Con que el pleito?
    En contra nuestra,
sí, señor, lo sentenciaron.
Una injusticia!
   De fijo!
Será influyente el contrario.
Algun señoron...
   Lo ignoro;
sólo sé que el muy bellaco
una bonita fortuna

me quita de entre las manos.
El tal don Martin Cordero...
que no le partiera un rayo!
Cómo?... qué?... repita usté...
El nombre del adversario
es don?... (Lleno de emocion.)
   Don Martin Cordero.
Caracoles! (Vacila.)
   Qué le ha dado?
Que... soy... yo! Que ese es mi nombre!
(Curioso lance, canario.)
Usted es Cordero?
(Conmovido.) Sí!
aunque há un siglo no lo cato.
(Y este estúpido le dijo!...
Le voy á pegar dos palos!)
Ay qué emocion!
(Se sienta sobre el sombrero de Alfredo.)
   Mi sombrero!
(Levantándose.)
No es nada, no haga usted caso...
No es nada... no... ni sombrero!
Miren cómo lo ha dejado! (Mostrándolo.)
Hombre... pues ya que usted gana,
podíamos arreglarnos
con la muchacha... Recuerdo
que usted me pidió su mano...
Que usted me negó; respeto
sus compromisos sagrados,
y en cambio, seré padrino.
Padrino? De qué?
   Es bien claro!
De la boda de este jóven
con Ildegunda.
(Alarmado.) Canastos!
(Hombre!... Magnífica idea!)
(Mintió, mas ha de pagarlo.)
Esa broma...
   Cómo broma!
(Si yo pescase al muchacho...)
Advierto á usted que si dije
eso, fué porque Don Cayo...

MART.	No lo afirmaron ustedes?
ALF.	Sí; mas...
MART.	(A Cayo.) Y es cierto?
CAYO.	(Sériamente.) Es exacto!
ALF.	No es verdad, y yo protesto...
MART.	Cómo! Porque se ha arruinado
	su novia, volverse atrás
	procura usté? Eso es villano!
	Se batirá usted conmigo!
ALF.	Pero es que yo...
MART.	Basta!
CAYO.	(Dando la mano á Martin.) Bravo!
	Y usted, que maneja el sable,
	me le parte en dos, de un tajo.
MART.	No lo crea usted; los pára,
	que... ni Nicolás el Zuavo.
ALF.	Pero, señores...
MART.	Silencio!
CAYO.	(Llamando.)
	Ildegunda!
MART.	(Estoy vengado!)

ESCENA XII.

DICHOS.—ILDEGUNDA, despues SERAPIA.

CAYO.	Ven acá.
ILDEG.	(Destino mio
	rasga tu insondable arcano!)
CAYO.	Oye; me pidió tu mano
	hace poco un jóven...
ILDEG.	(Ruborizada) Tio...
CAYO.	Que te adora; lo sé yo.
ALF.	(Cómo escapo de la red?)
ILDEG.	Pero...
MART.	Y su tio de usted,
	su consentimiento dió.
ILDEG.	(Qué bien pinta sus amores!)
	Es usted?

(Cómo escapar?)

(Quiere escurrirse y Martin le detiene, presentándole á Ildegunda.)

No; porque hay que respetar
compromisos anteriores.
Alfredo!... (Logre la palma
su amor... Si yo le queria!...)
Es que yo... yo... todavía...

(Bajo á Alfredo.)

Cásese, ó le rompo el alma!
Si de un modo tan cortés
lo ruega...

      Nadie de mí
se burla. Se casa?

          Sí.

(Ya lo veremos despues.)

(A Cayo.) Y usted les dará...

(Alarmado.)   Dar yo?

Su permiso.

      Si es preciso
dar algo, daré permiso;
lo que es otra cosa, nó.
Diablo!
   · i A las costumbres mias
siempre temiendo faltar,
soy hombre que por no dar,
no doy... ni los buenos dias.
Yo, en cambio, quiero dotar
á la novia.

(Sorprendido.)

      Usté?

         Es razon!
Rompo con mi tradicion
y olvido, el *dar*... *en no dar*.

(Entrando.)

El almuerzo.

        (Qué suceso!)

Doña Serapia; soy rico!

De veras?

      Sí; y aquel pico...

Don Martin!.. No hablemos de eso!

(Al público.)

Y á ustedes, al anunciar
que el juguete ha concluido,
cuatro palmadas les pido,
y que no *den... en no dar*!

FIN DEL JUGUETE.